BEI GRIN MACHT SICH IHR WISSEN BEZAHLT

Effektives Team- und Sportmanagement. Phasen, SWOT-Analysen und Strategien für nachhaltigen Erfolg

Bibliografische Information der Deutschen Nationalbibliothek:

Die Deutsche Nationalbibliothek verzeichnet diese Publikation in der Deutschen Nationalbibliografie; detaillierte bibliografische Daten sind im Internet über http://dnb.d-nb.de abrufbar.

ISBN: 9783389052921
Dieses Buch ist auch als E-Book erhältlich.

© GRIN Publishing GmbH
Trappentreustraße 1
80339 München

Druck und Bindung: Books on Demand GmbH, Norderstedt Germany
Gedruckt auf säurefreiem Papier aus verantwortungsvollen Quellen

Das vorliegende Werk wurde sorgfältig erarbeitet. Dennoch übernehmen Autoren und Verlag für die Richtigkeit von Angaben, Hinweisen, Links und Ratschlägen sowie eventuelle Druckfehler keine Haftung.

Das Buch bei GRIN: https://www.grin.com/document/1482314

Deutsche Hochschule für

Prävention und Gesundheitsmanagement

Hermann-Neuberger-Sportschule 3

66123 Saarbrücken

Projektarbeit

Studiengang	BSÖ
Studienmodul	Interdisziplinär
Datum Präsenzphase (siehe Ergebnisdokumentation)	22.11.2021-24.11.2021
Projektthema	Aufgabenstellung 1: Teamarbeit Aufgabenstellung 2: Sportmanagement

Inhaltsverzeichnis

1 Aufgabenstellung 1: Teamarbeit

1.1 Aufgabe 1

Der Unternehmenssitz ist in der Silostraße 21 in Frankfurt am Main. In der genannten Straße befinden sich diverse Sportstätten, unter anderem die Fraport Arena. Der Frankfurter Flughafen befindet sich mit dem Pkw in ca. 8 km Entfernung.

In der folgenden Abbildung ist die Erreichbarkeit des Standorts dargestellt. Der rot markierte Bereich ist mit dem Auto innerhalb von fünf Minuten, der lila markierte Bereich innerhalb von zehn und der pink markierte Bereich innerhalb von 12 Minuten mit dem Pkw erreichbar.

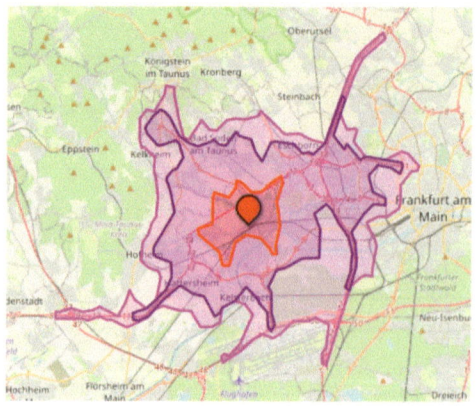

Abbildung 1: Erreichbarkeit der Silostraße 21 in Frankfurt am Main innerhalb von 12 Minuten (Erstellt mit Openrouteservice)

Für das Unternehmen wird die Unternehmensform der Gesellschaft mit beschränkter Haftung (GmbH) gewählt. Ein Vorteil dieser Rechtsform ist die beschränkte Haftung. Dadurch haftet man nicht mit dem Privatvermögen, sondern nur mit dem Gesellschaftsvermögen. Mit ihrem Privatvermögen haften die Gesellschafter bei einer Gesellschaft bürgerlichen Rechts (GbR), der offenen Handelsgesellschaft (OHG) oder einer Kommanditgesellschaft (KG). Für die Gründung einer GmbH wird ein Gründungskapital in Höhe von 25.000 € gefordert. Das entspricht der Hälfte des Gründungskapitals einer Aktiengesellschaft (AG). Die Handhabung bei einem Gesellschafterwechsel oder dem Verkauf der

Firma ist unkompliziert (Haverkamp, N., 2021). Durch die Eintragung ins Handelsregister wird Transparenz geschaffen, wodurch auch auf internationaler Ebene ein hohes Ansehen geschaffen wird (firma.de, 2021)

1.2 Aufgabe 2

In der folgenden Abbildung wird das Logo des Unternehmens „360° passion" dargestellt.

Abbildung 2: Firmen-Logo (Eigene Darstellung)

Der Name des Unternehmens ist 360° passion. Durch die 360° soll die Leidenschaft (im Englischen: passion) zum Sport verdeutlicht werden. Die Form des Logos ist ein Kreis, da dieser aus 360° besteht und kein Ende hat, wie die Leidenschaft zum Sport. Daneben soll die Betreuung der verschiedenen Sportarten keine Grenzen haben. Der Slogan „Mit voller Leidenschaft dabei" greift den Namen des Unternehmens nochmals auf. Das Unternehmen hat das Ziel, die direkte Anlaufstelle für Vereine, Verbände oder Unternehmen zu sein. Für das Logo wurden die Farben blau und rot gewählt. Blau steht im Werbemarketing für Sicherheit, Vertrauen und Seriosität. Dagegen symbolisiert die Farbe Rot Aktivität und totale Hingabe (FLYERALARM GmbH, 2017).

1.3 Aufgabe 3

Das Phasenmodell nach Bruce Tuckman soll Führungskräften und Teams das Teambuilding erleichtern. Es soll helfen sich zu organisieren, nützliche Feedbackmechanismen einzuführen und ermitteln, wie wichtig konstruktiv geführte Konflikte sind. Zudem soll es zu einem offenen, hilfsbereiten und solidarischen Umgang unter Kollegen führen (Teamentwicklung Lab, o.J.). In der folgenden Abbildung sind die vier Phasen, das Forming, Storming, Norming und Performing, des Modells aufgezeigt.

Abbildung 3: Teamentwicklung (KOMMA-Kompetenzzentrum für Verwaltungs-Management, o.J.)

Die folgenden Fragen in den jeweiligen vier Phasen der Teamentwicklung nach Tuckmann helfen, die Teamsituation im Teamentwicklungsgrad einzuordnen.

1.3.1 Phase 1: Forming

- Wie kann der Kennenlernprozess beschleunigt werden?
- Wie wird am besten für ein angenehmes Umfeld gesorgt?
- Worüber müssen die Beteiligten informiert werden?

1.3.2 Phase 2: Storming

- Wie finden die Beteiligten als Team zusammen?
- Welche Differenzen bestehen im Team?
- Wie können Konflikte gelöst werden?

1.3.3 Phase 3: Norming

- Welche Spielregeln werden vereinbart und umgesetzt?
- Wie lassen sich die Spielregeln etablieren?
- Wie kann das Ziel erreicht werden?

1.3.4 Phase 4: Performing

- Wer hat welche Aufgaben?
- Wie wird das Ziel am effektivsten erreicht?
- Kann sich der Projektleiter zurückziehen?

2   Aufgabenstellung 2: Sportmanagement

Aus den vorgegebenen Aufgabenstellungen wurde die Aufgabenstellung 2, das Sportmanagement, gewählt.

2.1 Aufgabe 1

Im folgenden Kapitel werden fünf verschiedene strategische Merkmale des Deutschen Handballbunds (DHB) aufgezeigt.

Der Handballsport fand seinen Ursprung im Jahr 1917 und diente erst als Mannschaftssportart für Frauen. Zwei Jahre später wurde die Sportart für Jungen und Männer zugänglich. Grundlagen, wie das Spielfeld, die Mannschaftsgröße und die Schiedsrichter wurden vom Fußball übernommen. Lediglich der Ball war kleiner. 1936 war die Sportart Feldhandball ein einziges Mal eine Disziplin bei den Olympischen Sommerspielen und wurde von der deutschen Nationalmannschaft gewonnen. Im Jahr 1938 folgten zwei WM-Titel. Der DHB wurde im Jahr 1949 gegründet. Einer der bekanntesten Handballspieler ist Bernhard Kempa. Nach ihm ist der Kempa-Trick, welchen er bei einem Länderspiel 1954 uraufgeführt hatte, benannt. Er führte die deutsche Nationalmannschaft zu zwei WM-Titeln in den Jahren 1952 und 1955. Mit der Einführung der Bundesliga im Jahr 1966 übernahm der Vfl Gummersbach die Führung. Mit verschiedenen Spieler-Ikonen, wie Heiner Brand oder Hansi Schmidt, dominierte der Verein die Liga in den 80er Jahren und holte insgesamt zwölf Meistertitel (Deutscher Handballbund e.V., 2017). Heute ist die deutsche Bundesliga die stärkste Liga der Welt. Das Ranking wird von der European Handball Federation (EHF) festgelegt (TV Bittenfeld Handball GmbH, 2020).

Die Vision des DHB ist es allen Handballspielern, Fans, Freunden und Förderern ein Dach über dem Kopf zu sein, um gemeinsam die stärkste Handballnation der Welt zu sein.

In der folgenden Abbildung wird das Leitbild des DHB visualisiert.

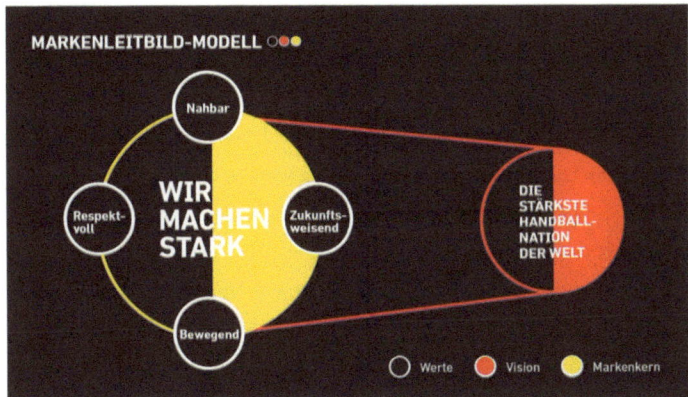

Abbildung 4: Leitbild des DHB (Deutscher Handballbund e.V., o.J.b)

Der DHB hat es sich mit diesem Leitbild zur Aufgabe gemacht, den Handball attraktiver und anfassbarer zu machen. Unabhängig der Liga sollen Erfolge gefeiert werden. Gemeinsam mit den Mitgliedern soll die Zukunft gestaltet werden (Deutscher Handballbund e.V., o.J.b).

Zu den Kooperationspartnern des DHB gehören unter anderem die Bundeswehr, das Bundesministerium des Inneren, die Deutsche Sporthilfe, die Bundeszentrale für gesundheitliche Aufklärung (BZgA) oder das Institut für Angewandte Trainingswissenschaft (Deutscher Handballbund e.V., o.J.a).

2.2 Aufgabe 2

In der „Perspektive 2020+" wurden von dem DHB Präsidium und den Ligaverbänden fünf große Aufgabenfelder definiert.

Das erste Aufgabenfeld nennt sich „Wir alle sind DHB". Die Gemeinschaft und der Zusammenhalt aller Beteiligten, unabhängig ob Spieler, Fan oder sonstige Angehörige, soll verstärkt werden. Als Sportökonom hat man die Aufgabe das Gefühl der Gemeinschaft, z.B. durch Veranstaltungen wie Faschingsfeier oder Skiausfahrten, zu stärken.

Eine weitere Aufgabe ist der sportliche Erfolg der Nationalmannschaften. Das Ziel ist es, die Nationalmannschaften dauerhaft unter den besten Nationen der Welt zu platzieren. Sportökonomen können die Spieler und Trainer unterstützen, indem Trainingsmöglichkeiten optimiert werden. Da die Spieler der Nationalmannschaften in verschiedenen Vereinen spielen, müssen die Trainingszeiten und Hallenbelegungen dem entsprechen ange-passt werden. Eine Alternative zu den Trainingszeiten vor Ort sind digitale Trainingsein-heiten, da viele Spieler auch im Ausland aktiv sind.

Damit die Spieler für Länderspiele optimal aufgestellt sind, benötigt es starke Ligen, in denen sie sich auch mit internationalen Spielern messen können. Das Angebot der einzel-nen Vereine und der Ligen muss für die Sportler, Sponsoren und Fans ansprechend ge-staltet und organisiert werden. Dabei gilt es die Freude am Sport und den Zusammenhalt, auch in den Jugendmannschaften, zu stärken um sportliche Veranstaltungen zu einem Erlebnis für jeden zu machen.

Dies stellt auch eine Möglichkeit der Mitgliederentwicklung, welche ausgebaut werden muss, dar. Durch Erfolge der Mannschaften rückt der Handballsport ins Rampenlicht und wird für Außenstehende interessant. Nationalspieler ermöglichen durch verschiedene Social-Media-Kanäle einen Einblick in ihr Privatleben und die letzten Momente vor dem bevorstehenden Handballspiel. Kinder und Jugendliche haben in ortsansässigen Vereinen die Möglichkeit den Sport auszuüben und Familienangehörige werden mit in den Bann gezogen. Durch Veranstaltungen, wie z.B. Trainingscamps in den Ferien oder reglemen-tierte Sticker-Sammelhefte der lokalen Vereine, kann die Gemeinschaft weiter gestärkt werden.

Damit die Umsetzung von Sportveranstaltungen oder Trainingscamps gelingt und der Handballsport in kein schlechtes Licht gerückt wird, ist die Professionalisierung der Ab-läufe in den Vereinen, Verbänden und Ligen von großer Bedeutung. Dies wird durch spezifische Schulungen und Weiterbildungen erzielt. Dadurch lässt sich auch ein wirt-schaftlicher Erfolg verzeichnen (Deutscher Handballbund e.V., o.J.c).

2.3 Aufgabe 3

Eine SWOT-Analyse (Strength, Weakness, Opportunities, Threats) ist ein Instrument der strategischen Planung. Mithilfe der folgenden SWOT-Analyse soll die Positionierung des DHB innerhalb des Sport-Marktes bestimmt werden.

Tabelle 1: SWOT-Analyse (Eigene Darstellung)

Stärken	Schwächen
- Stärkste Bundesliga der Welt - Image der Fans und des Sports - Größter und stärkster Handballverband der Welt	- Sponsoren als unzuverlässiges Finanzierungsmittel - 7. Platz Vereins-Mitgliederanzahl in Deutschland - Finanzierung durch Mitgliedsbeiträge
Chancen	Risiken
- Digitalisierung im Breitensport - Zuschauerpotential aufgrund des Images - Professionalisierung der Sponsoring-Engagements im Breitensport	- Finanzielle Abhängigkeit durch Sponsoring-Engagements - Aktuelle Corona-Pandemie (Sponsoring, Finanzierung) - Ehrenamtliche Mitarbeiter

2.3.1 SWOT-Analyse: Stärken

Zu den Stärken des DHB gehört das Image der Fans und des Sports. „Handball ist ein spannender, anfassbarer und ehrlicher Sport, dynamisch, emotional, mit nonstop Action. Körperbetont, aber immer fair, bei dem Teamgeist und ein respektvoller Umgang miteinander an erster Stelle stehen" (Deutscher Handballbund e.V., 2021).

Nicht nur die Spieler, sondern auch die Zuschauer sind beispielsweise nicht mit den Zuschauern im Fußball zu vergleichen. Bei der Handball-WM 2019 der Männer wurden keine Ausschreitungen, Schlägereien oder Einsatz von Pyros gemeldet (Sonnenberg, M., 2019).

Mit 21.000 Mannschaften und knapp 760.0000 Mitgliedern ist der DHB der größte und erfolgreichste Handballverband der Welt (Deutscher Handballbund e.V., 2021). Der DHB ist nicht nur der stärkste Verband der Welt, sondern auch die LIQUI MOLY Handball-Bundesliga ist die stärkste Bundesliga der Welt. Das Ranking wird von dem Europäischen Handball Verband (EHF) erstellt (TV Bittenfeld Handball GmbH, 2020). Über die Jahre hat der Sport zunehmend das Interesse sowohl von aktiven Sportlern als auch den Besuchern sportlicher Veranstaltungen geweckt (Bruhn, M., 2010, S. 77).

2.3.2 SWOT-Analyse: Schwächen

Zu den Schwächen der Vereine, insbesondere im Breitensport, gehört die finanzielle Abhängigkeit. Prinzipiell agiert der Sport finanziell unabhängig vom Staat. Sind alle finanziellen Mittel allerdings ausgeschöpft, greift das sogenannte Subsidiaritätsprinzip. Unter

dem Subsidiaritätsprinzip versteht man, dass der Staat finanzielle Mittel aus Steuerein-
nahmen im Rahmen einer Sportförderung bereitstellt. Aus dem regelmäßig veröffentlich-
ten Sportentwicklungsbericht geht hervor, dass die größte und wichtigste Einnahmequelle
für Vereine die Mitgliedsbeiträge sind. Daneben sind Fördermittel und Spenden von Bedeutung (Nowak, G., 2019, S. 69ff.).

Der DHB ist mit 768.476 Mitgliedern auf dem 7. Platz der deutschen Sportverbände.
Vergleichsweise hat der Deutsche Fußball-Bund (DFB) 7.064.052 Mitglieder und ist damit der Mitgliederstärkste Verband in Deutschland (Zeppenfeld, B., 2021). In Bezug auf
die Finanzierung besteht Bedarf bei der Mitgliedergewinnung.

Eine weitere Schwäche stellt das Sponsoring dar, da man nicht mit einem kontinuierli-
chen Sponsoring-Engagement rechnen kann. Im Vergleich zum Sponsoring von Einzel-
sportlern ist ein Sponsoring-Engagement von Verbands- oder Vereinsmannschaften mit
einem geringeren Risiko verbunden. Verbände und Vereine gehen bei der Durchführung
von regionalen, nationalen und internationalen Veranstaltungen ein finanzielles Risiko
ein. Allein durch Zuschauer und Übertragungsgebühren können die anfallenden Kosten
nicht gedeckt werden und müssen daher durch Sponsoren gesichert werden (Bruhn, M.,
1987, S. 46ff.).

2.3.3   SWOT-Analyse: Chancen

Zu den Chancen des DHB gehört die Internetnutzung. Mit 66 % ist das Internet das zweit-
wichtigste Medium für die deutsche Bevölkerung. Die Prognosen für die Zukunft zeigen
klar, dass das Internet-Nutzungsverhalten weiter zunehmen wird (Walzel & Schubert,
2018, S. 321f.). Im Vergleich zu den Umfragewerten aus dem Jahr 2015 verbringen die
Menschen mehr als doppelt so viel Zeit im Internet. Inzwischen ist die Nutzung mehrerer
Medien zur selben Zeit ein fester Bestandteil des Medienkonsums (dpa, 2021). Aufgrund
neuer Technologien wird es jedem Verband und jeder Sportart ermöglicht, mit wenig
Geld einen Stream anzubieten. Dadurch werden Zielgruppen außerhalb der Sportanlage
erreicht. Die Reichweite der Sponsoring-Maßnahmen wird erweitert und es entstehen ge-
gebenenfalls neue Möglichkeiten für Sponsoring-Engagements (Reith, V., 2019). Zum
Beispiel setzt die Abteilung Handball des TV Spaichingen ein Streaming-Angebot im
Breitensport um. Während der Spielunterbrechungen wird die Werbung diverser Sponsoren eingeblendet (TV Spaichingen, o.J.).

Eine weitere Chance im Bereich der Digitalisierung sind Apps. Für Vereine ist eine eigene App eine personalisierbare, aber gegebenenfalls auch kostspielige Chance, sich individuell zu vermarkten. In einer App können sich aktive und passive Mitglieder über Neuigkeiten, Veranstaltungen und Ergebnisse der vergangenen Spieltage informieren. Die Mitteilungen werden direkt auf dem Smartphone angezeigt. Die Fans können die Mannschaften über diese App unterstützen und durch die Präsentation von Fotos näher kennenlernen. Über dieses Medium können sich die Sponsoren gezielt platzieren und ihre Reichweite vergrößern. In Frohnhausen kommt diese App bereits zum Einsatz. An der App Frohnhausen+ haben sich gleich mehrere Vereine beteiligt (DOSB, 2021).

Eine weitere Chance ist das Zuschauerpotential. Für die Zuschauer, insbesondere vor Ort, ist der Sport anfassbarer als beispielsweise der Fußballsport. Bei der Heim-Weltmeisterschaft 2019 waren die Spieler der Nationalmannschaft eine Stunde nach dem Spiel in der Halle in Köln, um wartenden Fans Autogramme zu schreiben. Man staunte über die Nahbarkeit und Bodenständigkeit der Spieler. Aber nicht nur über die Spieler, sondern auch über das schnelle, spektakuläre und doch faire Spiel, ohne Pfiffe der gegnerischen Nationalhymne. Bereits bei der heimischen Weltmeisterschaft 2007 schauten mehr als 20 Millionen Menschen das Finale gegen Polen. Das war die Zeit, in der Fans sich Schnauzbärte, wie den des damaligen Bundestrainers Heiner Brand, aufklebten (Kürbis, J., 2019)

2.3.4   SWOT-Analyse: Risiken

Ein Risiko stellt das Ehrenamt im Sport dar. Im Jahr 2014 haben sich 43,6 % der deutschen Bevölkerung ab 14 Jahren freiwillig engagiert. In deutschen Sportvereinen engagieren sich über 8,85 Millionen Freiwillige. Der Fachkräftemangel nimmt im Sport zu. 1999 haben sich noch 11,2 % der Bevölkerung im Sport engagiert. 2009 waren es nur noch 10,1%. Das entspricht etwa 650.000 Menschen weniger. Es gelingt, trotz hoher Mitgliederzahlen, immer seltener aktive Sportler für ein Ehrenamt zu gewinnen, wodurch Nachwuchskräfte fehlen.

Stark betroffen ist die ehrenamtliche Arbeit auch durch die aktuelle Corona-Pandemie. Für das Jahr 2020 wurde ein Rückgang der Mitgliedschaften um ca. 3,5 % prognostiziert. Die Verluste sind vor allem auf die fehlenden Neuzugänge zurückzuführen. Aus den Ergebnissen einer Umfrage der Humboldt-Universität zu Berlin zur Ehrenamtlichkeit im Sportverein während der Corona-Pandemie (Eis-CP) geht hervor, dass bereits im Verein unterrepräsentierte Personen ihre Mitgliedschaft beenden. Dazu gehören unter anderem

Personen mit Migrationshintergrund, bildungsfernere Gruppen oder Personen, die geringe soziale Unterstützung erhalten. Personen, die bisher ehrenamtlich aktiv waren, werden auch weiterhin den Verein unterstützen. Zusammengefasst wird aus den Ergebnissen die Relevanz der Bindung und Gewinnung von Mitgliedern und engagiertem Personal klar. Sportverbände und Vereine haben sich durch besondere Konzepte und Maßnahmen bereits an die Aufgabe der Mitgliedergewinnung gemacht (DOSB, 2021).

Ein weiteres Risiko stellt die Digitalisierung, speziell die Streaming-Angebote, dar. Sobald sich die sogenannte Virtual Reality (VR) weiter durchsetzt, wird das Niveau des Unterhaltungswerts im Sport steigen. Es ist aber noch nicht absehbar, wann dies der Fall sein wird. Es besteht das Risiko, dass der Nutzer das Interesse bei zu starker Sponsoren-Präsenz verliert. Ein weiteres Risiko ist das Wegbleiben der Zuschauer vor Ort (Walzel & Schubert, 2018, S. 322ff.). Darunter leidet nicht nur der Ticketverkauf, sondern auch die Auslastung der VIP-Lounges. Zum Beispiel entspricht das 2.400 € im Business Club der SAP Arena (exklusive Mehrwertsteuer) pro Person (Rhein-Neckar Löwen GmbH, o.J.). Darüber hinaus geht das gemeinschaftliche Erlebnis unter Freunden oder der Familie verloren. Für Veranstalter gilt es, im Voraus die Vor- und Nachteile der Nutzung von VR in Bezug auf die Zielgruppe abzuwägen (Walzel & Schubert, 2018, S. 322ff.).

2.4 Aufgabe 4

2.4.1 Quantitatives Oberziel: Mitgliederzuwachs

Die Mitgliederanzahl der Handballvereine soll bis Ende 2026 durch lokale und nationale Maßnahmen, wie Nachrichtenblätter oder Social-Media-Kanäle, um 5 % gegenüber den Kennzahlen aus der eigenen Mitgliederdatenbank aus dem Jahr 2020 gesteigert werden.

2.4.2 Quantitatives Oberziel: Nachhaltigkeit

Die anfallenden Kosten durch Müll während Spielveranstaltungen werden, z.B. durch wiederverwendbare Becher oder digitale Tickets, bis Ende 2026 um 30 % gesenkt.

2.4.3 Qualitatives Oberziel: Jugendarbeit

Die Mannschaften im Alter bis 14 Jahre verzeichnen bis Ende 2026 durch Werbung auf Social-Media-Kanälen, in lokalen Nachrichtenblättern und auf den Websites der Gemeinden einen Zuwachs von durchschnittlich 20 % pro Jahr gegenüber den Kennzahlen aus der eigenen Mitgliederdatenbank aus dem Jahr 2020.

2.4.4 Qualitatives Oberziel: Ehrenamt

Fünf ehrenamtlichen Aufgaben werden bis Ende 2026 durch attraktive Angebote, wie z.B. das Wegfallen des jährlichen Mitgliedsbeitrags, an jüngere Mitglieder übergeben.

2.5 Aufgabe 5

2.5.1 Quantitatives Unterziel: Mitgliederentwicklung

Die Mitgliederanzahl der Handballvereine wird bis Ende 2022 durch lokale und nationale Maßnahmen, wie Nachrichtenblätter oder Social Media-Kanäle, um 1,5 % gegenüber den Kennzahlen aus der eigenen Mitgliederdatenbank aus dem Jahr 2020 gesteigert.

2.5.2 Quantatives Unterziel: Nachhaltigkeit

Die anfallenden Kosten durch Müll bei Spielveranstaltungen werden, z.B. durch wiederverwendbare Becher oder digitale Tickets, bis Ende 2022 um 5 % gesenkt.

2.5.3 Qualitatives Unterziel: Jugendarbeit

Die Mannschaften im Alter bis 14 Jahre verzeichnen durch Werbung auf Social-Media-Kanälen, in lokalen Nachrichtenblättern und auf den Websites der Gemeinden bis Ende 2022 einen Zuwachs von 20 % gegenüber den Kennzahlen aus der eigenen Mitgliederdatenbank aus dem Jahr 2020.

2.5.4 Qualitatives Unterziel: Ehrenamt

Drei Mitglieder werden bis Ende 2022 durch attraktive Angebote, wie z. B. das Wegfallen des jährlichen Mitgliedsbeitrags, für die ehrenamtliche Arbeit gewonnen und eingearbeitet.

3 Literaturverzeichnis

Bruhn, M. (1987). *Sponsoring*. Wiesbaden: Gabler Verlag. https://doi.org/10.1007/978-3-322-87485-6

Bruhn, M. (2010). *Sponsoring* (5. Auflage). Berlin: Gabler.

Deutscher Handball Bund e.V. (Hrsg.) (2021). *Faszination Handball*. Zugriff am 11.8.2021. Verfügbar unter: https://www.dhb.de/de/verband/ueber-uns/faszination-handball/

Deutscher Handballbund e.V. (Hrsg.) (2017). *Triumphe, Typen und Tragödien: 100 Jahre deutscher Handball*. Zugriff am 24.11.2021. Verfügbar unter: https://www.dhb.de/de/redaktionsbaum/news-archiv/der-dhb/triumphe--typen-und-tragoedien--100-jahre-deutscher-handball/

Deutscher Handballbund e.V. (Hrsg.) (o.J.a). *Kooperationspartner*. Zugriff am 22.11.2021. Verfügbar unter: https://www.dhb.de/de/verband/partner/kooperations-partner/

Deutscher Handballbund e.V. (Hrsg.) (o.J.b). *Markenleitbild*. Zugriff am 22.11.2021. Verfügbar unter: https://www.dhb.de/de/verband/ueber-uns/markenleitbild/

Deutscher Handballbund e.V. (Hrsg.) (o.J.c). *Perspektive 2020+*. Zugriff am 22.11.2021. Verfügbar unter: https://www.dhb.de/de/verband/ueber-uns/perspektive-2020-/

DOSB (Hrsg.) (2021). *Vereinsapp*. Zugriff am 20.10.2021. Verfügbar unter: https://vereinsapp.sportdeutschland.de/

dpa. (2021). *Forsa-Umfrage: Mediennutzung mit 13 Stunden auf neuem Höchststand.* Zugriff am 24.10.2021. Verfügbar unter: https://www.zeit.de/news/2021-10/22/mediennutzung-mit-13-stunden-auf-neuem-hoechststand?utm_referrer=https%3A%2F%2Fwww.google.com%2F

firma.de. (Hrsg.) (2021). *GmbH: Vorteile & Nachteile der Rechtsform im Überblick.* Zugriff am 1.12.2021. Verfügbar unter: https://www.firma.de/firmengruendung/gmbh-vorteile-nachteile/

FLYERALARM GmbH. (Hrsg.) (2017). *Werbepsychologie - Teil 3: Farbpsychologie.* Zugriff am 22.11.2021. Verfügbar unter: https://www.flyeralarm.com/blog/de/werbepsychologie-teil-3-farbpsychologie

Haverkamp, N. (2021). Vorteile einer GmbH – warum ist die Rechtsform so beliebt? | AHS Rechtsanwälte. *http://www.ahs-kanzlei.de.* Zugriff am 1.12.2021. Verfügbar unter: https://www.ahs-kanzlei.de/de/vorteile-gmbh

KOMMA - Kompetenzzentrum für Verwaltungs-Management. (o.J.). Teamentwicklung. *Kompetenzzentrum für Verwaltungs-Management (KOMMA).* Zugriff am 8.12.2021. Verfügbar unter: https://www.komma-sh.de/beratung/teamentwicklung/

Kürbis, J. (2019). Die Schlandballer – was der Handball dem Fußball voraus hat. *GT - Göttinger Tageblatt.* Zugriff am 30.11.2021. Verfügbar unter: https://www.goettinger-tageblatt.de/Nachrichten/Panorama/Die-Schlandballer-was-der-Handball-dem-Fussball-aktuell-voraus-hat

Nowak, G. (Hrsg.). (2019). *Angewandte Sportökonomie des 21. Jahrhunderts: Wesentliche Aspekte des Sportmanagements aus Expertensicht.* Wiesbaden: Springer Fachmedien Wiesbaden. https://doi.org/10.1007/978-3-658-26968-5

Prof. Dr. Braun, S. & Prof. Dr. Burrmann, U. (o. J.). *Ehrenamtlichkeit im Sportverein während der Corona-Pandemie (EiS-CP).* Zugriff am 8.12.2021. Verfügbar unter:

https://www.spowi.hu-berlin.de/de/institut/sportsoziologie/projekte/alle-projekte/eh-renamtlichkeit-im-sportverein-waehrend-der-corona-pandemie-eis-cp

Reith, V. (2019). *Sport und Medien - Wie Streaming den Sport verändert.* Zugriff am 20.10.2021. Verfügbar unter: https://www.deutschlandfunk.de/sport-und-medien-wie-streaming-den-sport-veraendert.1346.de.html?dram:article_id=448207

Rhein-Neckar Löwen GmbH. (o.J.). *Business Club - Rhein-Neckar Löwen - LIQUI MOLY Handball-Bundesliga.* Zugriff am 24.10.2021. Verfügbar unter: https://www.rhein-neckar-loewen.de/business/vip-tickets/business-club

Rump, D. (2021). *Sportvereine und die Pandemie.* Zugriff am 1.12.2021. Verfügbar unter: https://www.dosb.de/sonderseiten/news/news-detail/news/sportvereine-und-die-pandemie

Sonnenberg, M. (2019). *Handball zeigt, was beim Fußball so nervt.* Zugriff am 11.8.2021. Verfügbar unter: https://www.weser-kurier.de/sport/handball-zeigt-was-beim-fussball-so-nervt-doc7e41k03a1e113tumdrs

TeamentwicklungLab. (o.J.). *Tuckman Phasenmodell | Teamentwicklungsprozess gestalten | Teamphasen.* Zugriff am 8.12.2021. Verfügbar unter: https://teamentwicklung-lab.de/tuckman-phasenmodell/

TV Bittenfeld Handball GmbH. (2020). *Der TVB spielt in der stärksten Liga der Welt!* Zugriff am 11.8.2021. Verfügbar unter: https://www.tvbstuttgart.de/2020/08/06/der-tvb-spielt-in-der-staerksten-liga-der-welt/

TV Spaichingen. (o.J.). *Handball.* Zugriff am 24.10.2021. Verfügbar unter: https://www.tv-spaichingen.de/handball/

Walzel, S.& Schubert, M. (2018). *Perspektiven des Sportsponsorings.* Berlin, Heidelberg: Springer Berlin Heidelberg. https://doi.org/10.1007/978-3-662-55246-9_8

Zeppenfeld, B. (2021). *Mitgliederstärkste Sportverbände 2021.* Zugriff am 29.11.2021.

Verfügbar unter: https://de.statista.com/statistik/daten/studie/172539/umfrage/die-50-

mitgliedstaerksten-sportverbaende/

4 Abbildungs- und Tabellenverzeichnis

4.1 Abbildungsverzeichnis

4.2 Tabellenverzeichnis